EL PENSAMIENTO DE DISEÑO

El pensamiento de diseño

Revolucione su enfoque para la resolución de problemas

B. VINCENT

QuantumQuill Press

CONTENTS

Introducción al pensamiento de diseño

Definición y esquema

Confianza en la configuración es un enfoque de pensamiento crítico que subraya la identificación de las necesidades del cliente, la prueba de sospechas y la reclasificación de problemas tratando de distinguir técnicas y arreglos electivos que probablemente no serán obvios en una fracción de segundo con nuestro nivel subyacente de comprensión. En esencia, Plan Figuring busca revelar arreglos imaginativos avanzando hacia los problemas de acuerdo con el punto de vista del cliente, uniendo de esta manera la simpatía por el escenario de un problema, la innovación en la era de las experiencias y los arreglos, y la cordura al diseccionar y encajar. respuestas para la circunstancia específica.

A diferencia de las estrategias convencionales de pensamiento crítico que comienzan con un problema razonable y buscan el arreglo más productivo, Plan Figuring comienza con el reconocimiento de que el problema real probablemente no se percibirá por completo. Esta técnica estimula el escrutinio de la cuestión, las suposiciones detrás de ella y las ramificaciones de los acuerdos esperados. Un ciclo iterativo incluye comprender las necesidades humanas incluidas, redefinir el problema de manera impulsada por humanos, generar una gran cantidad de pensamientos en reuniones para generar nuevas ideas, adoptar una metodología activa en la creación de prototipos y fomentar un modelo comprobable. Realmente en ese momento comienzan a surgir los arreglos y se vuelven a probar y ajustar hasta que se reconoce el arreglo correcto.

Esta forma de abordar el desarrollo centrada en el ser humano incorpora las necesidades de los individuos, los resultados potenciales de la innovación y los requisitos previos para el éxito empresarial. Ayuda a asociaciones en diferentes áreas a lograr acuerdos de avance que son de naturaleza profundamente humana.

Entorno y desarrollo auténticos

Los fundamentos subyacentes del Pensamiento de Configuración se remontan a los años 1960 y 1970, cuando comenzó a dar frutos como una técnica convencional. Al principio, esto estaba firmemente relacionado con el diseño moderno y la mejora de artículos que fueran a la vez prácticos y elegantes. Sin embargo, con el tiempo, su relevancia se ha expandido fundamentalmente, envolviendo administraciones, ciclos e incluso marcos para cuestiones complejas en muchas disciplinas.

A la obra original de Herbert Simon de 1969, "Los estudios de lo falso", se le atribuye frecuentemente el mérito de haber sentado la hipótesis central detrás del pensamiento planificado. Simon sugirió que el plan debería verse como una ciencia por sí misma, una ciencia que se concentra en el mundo falso que creamos. Sus pensamientos animaron otra era de autores intelectuales para investigar cómo se podrían aplicar los estándares de planificación para abordar cuestiones de planificación de artículos, así como complejos desafíos culturales y comerciales.

Durante las décadas de 1980 y 1990, el Plan de Creencia también fue defendido por empresas de diseño como IDEO y fundaciones como la Stanford d.school . Desarrollaron la capacitación desde una concentración de configuración de ítems hasta un instrumento de pensamiento crítico más extenso. Este período vio la cristalización del ciclo en etapas organizadas adicionales, haciéndolo más abierto y material para una gama más amplia de cuestiones.

Importancia en estos tiempos

En el mundo actual, que avanza rápidamente y está impulsado por la innovación, las dificultades que enfrentamos son más desconcertantes y están más interconectadas que en cualquier otro momento. Las técnicas convencionales de pensamiento crítico son muchas veces deficientes a la hora de gestionar estos problemas de múltiples niveles. Configuration Figuring ofrece un método para explorar esta complejidad centrándose en comprender los requisitos humanos y las formas de comportarse, potenciar el razonamiento único y cultivar una cultura de prueba, error y creación de prototipos.

La importancia de la Figuración de la Configuración en estos tiempos no podría ser más significativa. No es simplemente un patrón; es una reacción a la creciente complejidad de nuestro entorno general. En los negocios, ayuda a las organizaciones a crear elementos y administraciones que resuenen profundamente entre los clientes. En la formación, potencia el razonamiento decisivo y la imaginación entre los estudiantes. En el desarrollo amistoso, proporciona una estructura para crear acuerdos que sean a la vez eficaces y razonables.

Además, Plan Thinking fomenta una mentalidad de simpatía, cooperación y confianza. Permite a las personas y a los grupos avanzar hacia las dificultades con un sentimiento de probabilidad en lugar de limitación.

| 1 |

Las cinco fases del pensamiento de diseño

Entiende: tu multitud

La etapa principal, Identificar, el establecimiento sobre el cual se fabrica todo el proceso de Pensamiento del Plan. Incluye determinar los requisitos, las inspiraciones y las formas de comportamiento de las personas para las que está planificando. Esta profunda inmersión en la realidad del cliente es vital para crear experiencias que conduzcan a acuerdos inventivos.

La compasión en el pensamiento planificado va más allá de la simple percepción; requiere empapado, compromiso y total atención. Se utilizan procedimientos como los estudios de campo etnográficos, las reuniones con clientes y el desarrollo de personas para recopilar ricos conocimientos. Estas técnicas ayudan a los planificadores a ponerse en el lugar de sus clientes, captando sus encuentros desde un punto de vista profundamente privado.

El objetivo del Relate no es simplemente recopilar información sino sentir lo que sienten tus clientes. De este modo , los diseñadores pueden distinguir necesidades y deseos innecesarios que los propios clientes tal vez no conozcan. Esta etapa dificulta las sospechas y las inclinaciones, abriendo nuevos caminos para el desarrollo.

Comprender no es una tarea única, sino un ciclo constante que ilumina todas las fases del Pensamiento de Configuración. Garantiza que los acuerdos creados sean realmente prácticos y profundamente resonantes con el grupo de interés ideal.

Caracterizar: describir el problema

Con una profunda comprensión de las necesidades y dificultades del cliente, la etapa de Caracterizar se centra en delinear el problema correcto a resolver. Esto incluye orquestar los conocimientos acumulados en una explicación del problema inequívoca y notable que dirija el resto del ciclo del plan.

Una proclamación de un tema claro está impulsada por el cliente y presenta necesidades y experiencias explícitas. Funciona como una brújula, manteniendo al grupo ajustado y centrado en lo principal para el cliente. Estrategias como las preguntas "¿Cómo deberíamos?" funcionan con el cambio de fragmentos de conocimiento a proclamaciones de temas importantes, lo que permite una investigación amplia de posibles acuerdos.

La etapa de Caracterizar es básica ya que marca el rumbo de la ideación. Al articular claramente el tema, los planificadores garantizan que sus esfuerzos innovadores estén enfocados y sean pertinentes. Esta etapa requiere un razonamiento y una visión decisivos para sintetizar la información compleja del cliente en una breve explicación del problema que personifique la quintaesencia de la prueba.

Idear: producir soluciones inteligentes

La ideación es la etapa donde la imaginación y el desarrollo se convierten en el punto focal dominante. Con una explicación clara del problema a mano, los diseñadores conceptualizan miles de pensamientos, por muy impresionantes que puedan parecer. El objetivo es producir una enorme cantidad de pensamientos, fomentando una cultura de la imaginación y la liberalidad.

Se utilizan estrategias como reuniones para generar nuevas ideas, prisa y planificación mental para dinamizar diferentes razonamientos. Esta etapa se beneficia de la variedad, ya que los puntos de vista fluctuantes conducen a arreglos más extravagantes e inventivos. Es un esfuerzo cooperativo en el que se suspende el juicio y se invita y valora cada pensamiento.

La etapa de Idear es donde se guardan brevemente los imperativos de la verdad, teniendo en cuenta la investigación de los límites de la innovación y el desarrollo. Es un momento urgente en el proceso de Pensamiento del Plan, ya que sienta las bases para los signos sustanciales de acuerdos en las etapas siguientes.

Modelo: construyendo representaciones inconfundibles

La creación de prototipos es la etapa en la que los pensamientos se transforman en representaciones inconfundibles. Estos modelos pueden ir desde sencillos modelos en papel hasta modernas manifestaciones computarizadas o reales. El diseño tiene como objetivo rejuvenecer los pensamientos en una estructura con la que se pueda comunicar, probar y refinar.

La creación de prototipos es iterativa; Cada variante intenta abordar consultas explícitas y probar especulaciones sobre el acuerdo. Es una etapa complicada en la que la decepción se considera una importante fuente de aprendizaje. Al hacer que los pensamientos sean inconfundibles, los planificadores pueden distinguir problemas imprevistos y recopilar aportaciones sustanciales de los clientes.

Esta etapa desmitifica y democratiza la interacción del plan. Los modelos abren los pensamientos, teniendo en cuenta el esfuerzo coordinado y las críticas de los clientes, así como de colegas interdisciplinarios. Es un paso básico para hacer que las ideas dinámicas sean concretas y dignas de mención.

Prueba: refinando tus respuestas

La última etapa, Test, incluye poner los modelos en posesión de los clientes para que acumulen críticas y experiencias. Esta etapa está relacionada con darse cuenta de qué funciona, qué no y por qué. Las pruebas ciertamente no son una ocasión extraña, sino un ciclo repetitivo que alimenta nuevamente las etapas anteriores, considerando el refinamiento y el énfasis.

Las críticas de los clientes durante la etapa de Prueba no tienen precio. Da un duro despertar y garantiza que el acuerdo resuelve el problema y lo hace de una manera significativa y efectiva para el cliente. Se utilizan estrategias como las pruebas A/B, las pruebas de facilidad de uso y la percepción en el entorno para acumular estas críticas.

Las pruebas resaltan la idea iterativa del pensamiento de configuración. Está relacionado con refinar pensamientos, aprovechar las colaboraciones de los clientes y trabajar constantemente en el acuerdo. Esta etapa garantiza que el resultado final o la gestión no sea simplemente un desarrollo hipotético sino un acuerdo viable y centrado en el cliente que tenga un efecto real en la vida de las personas.

| 2 |

Empatizar con sus usuarios

Comprender la sustancia de la simpatía en el pensamiento planificado

La compasión va más allá de la simple compasión o el aferramiento; está relacionado con ponerse en el lugar de los demás, ver el mundo desde su punto de vista y sentir lo que ellos sienten. En lo que respecta al pensamiento de configuración, la simpatía permite a los diseñadores descubrir las necesidades profundas, a menudo no expresadas, de aquellos para quienes están planificando. Este conocimiento comprensivo impulsa acuerdos genuinamente imaginativos que resuenan a nivel humano.

La forma más común de relacionarse es notar, conectar y empaparse de los encuentros con los clientes. Está relacionado con ser abierto, curioso y suspender las propias convicciones y predisposiciones para comprender genuinamente el punto de vista de otra persona. Esto no se aplica simplemente a clientes individuales, sino que se extiende a comprender el entorno más amplio de sus vidas, incluidas las condiciones sociales, sociales y reales en las que viven y se comunican.

Estrategias para la compasión

Algunas técnicas funcionan con compasión y cada una ofrece un punto focal alternativo a través del cual descubrir a los clientes:

• Estudios de campo etnográficos: esto incluye observar a los clientes en casa, brindándoles experiencias sobre cómo interactúan con su realidad y los elementos o servicios que contiene. Está relacionado con captar sus formas de comportamiento, horarios y ceremonias en el entorno.

• Reuniones con clientes: Dirigidas con énfasis en la narración, estas reuniones instan a los clientes a compartir sus encuentros, inspiraciones y dificultades. El punto es investigar los fundamentos profundos y mentales de sus formas de comportarse y elegir.

• Mejora de la persona: crear perfiles punto por punto de los clientes originales, conocidos como personas, ayuda a solidificar los conocimientos acumulados a partir de percepciones y reuniones. Las personas concretan la idea teórica de un "cliente", dirigiendo el ciclo del plan manteniendo al grupo concentrado en los acuerdos impulsados por el cliente.

• Planificación de compasión: este instrumento visual capta lo que los clientes dicen, piensan, hacen y sienten, ofreciendo una perspectiva integral de su experiencia. Una actividad cooperativa destila percepciones en experiencias, ayudando a crear una perspectiva mutua entre el grupo del plan.

• Planificación de Excursiones del Cliente: Este procedimiento incluye graficar la excursión del cliente con un elemento o administración, distinguiendo todos los puntos de contacto donde coopera con él. Presenta áreas de irritación y placer, brindando una guía para mejorar la experiencia general del cliente.

Historias del campo: casos de compasión en la vida real

Los modelos certificables rejuvenecen la fuerza de la simpatía para impulsar el desarrollo:

• Atención médica: una organización de dispositivos clínicos utilizó la exploración etnográfica para comprender las dificultades cotidianas de los pacientes con diabetes. Al continuar con un día normal para sus clientes, los creadores fomentáron otro sifón de insulina que era más instintivo y más incorporado a la forma de vida de los pacientes, reduciendo fundamentalmente la vergüenza y la carga relacionadas con la diabetes para los ejecutivos.

• Capacitación: una startup de tecnología educativa realizó profundas entrevistas con los dos profesores y estudiantes para determinar sus insatisfacciones con las etapas de aprendizaje existentes. Las experiencias de estas reuniones impulsaron la mejora de una etapa de aprendizaje adaptable que atendió las necesidades particulares de varios estilos de aprendizaje, haciendo que la instrucción sea más abierta y conectada con un cuerpo de estudiantes diferente.

• Administraciones monetarias: un banco utilizó la planificación por simpatía para descubrir las tensiones y los objetivos de los compradores de vivienda por primera vez. Esta comprensión impulsó la formación de otro sistema de administraciones que dirigieron a los clientes a través del proceso de compra de una vivienda, haciéndolo no tan abrumador sino más bien más sencillo.

Actividades para mejorar la comprensión simpática

Desarrollar la compasión es una experiencia que se puede crear mediante la capacitación. Aquí hay algunas actividades destinadas a mejorar la comprensión simpática:

• Seguimiento: pasar un día siguiendo a un cliente, observando sus horarios y comunicaciones sin obstrucciones. Esta vívida experiencia brinda profundos conocimientos sobre la realidad del cliente.

• Fingir: asumir el trabajo de un cliente explorando una situación o desafío particular. Este ejercicio ayuda a asimilar los sentimientos y puntos de vista del cliente.

• Estudios del diario del cliente: inste a los clientes a llevar un diario de sus encuentros con un artículo o administración. La investigación de estas revistas puede revelar experiencias sobre las necesidades y decepciones de los clientes con el tiempo.

• Sympathy Studios: Crea estudios donde los colegas comparten sus conocimientos y encuentros desde la compasión. Estas reuniones fomentan una cultura de compasión y esfuerzo coordinado, garantizando que la centralidad en el cliente permanezca en el centro de la interacción del plan.

Relacionarse con los clientes es más que una etapa en el proceso de Pensamiento del Plan; una mentalidad satura cada parte del plan. Impulsa a los planificadores a mirar más allá de lo evidente para revelar los requisitos y deseos implícitos que impulsan acuerdos realmente extraordinarios . A medida que avanzamos hacia la etapa de Caracterización, las experiencias adquiridas durante la identificación guían la descripción de los problemas de una manera que se alinea con los requisitos y objetivos genuinos de los clientes, dando paso a arreglos imaginativos y centrados en las personas.

| 3 |

Definiendo su espacio problemático

La especialidad de la definición de cuestiones en el pensamiento planificado

Caracterizar el tema es una labor artesanal que incluye refinar los complejos y frecuentemente caóticos fragmentos de conocimiento acumulados durante la Comprensión hasta convertirlos en una proclamación sólida y centrada del tema. Esta afirmación sirve como estrella polar, dirigiendo los procesos de ideación y mejora. Una explicación distinta del tema es explícita, centrada en lo humano y lo suficientemente amplia como para considerar la libertad artística, pero escasa hasta el punto de ser sensata.

Instrumentos para una potente definición de problemas

Algunos dispositivos y estrategias ayudan en esta etapa básica, empoderando a los grupos para avanzar desde percepciones amplias hasta proclamaciones temáticas explícitas:

• Gráficos de cariño: este dispositivo ayuda a coordinar y ordenar las percepciones y experiencias de Simpatizar. Al recopilar conocimientos relacionados, surgen ejemplos y temas, que presentan los problemas centrales que necesitan atención.

• Explicaciones en perspectiva (POV): una proclamación de POV explica el problema según el punto de vista del cliente, centrándose en necesidades y experiencias inequívocas. Es un dispositivo de reexamen que traslada la concentración de un tema general a una prueba personalizada y digna de mención.

• Preguntas de Cómo deberíamos (HMW): cambiar las articulaciones de POV en preguntas de HMW abre el espacio temático para la investigación innovadora. Estas consultas son deliberadamente esperanzadoras y dan la bienvenida a una gran cantidad de arreglos.

• 5 porqués: esta estrategia incluye preguntar "¿Por qué?" varias veces para eliminar las capas de efectos secundarios y llegar a la razón oculta de un problema. Garantiza que el problema caracterizado atienda al factor subyacente y no sólo a los problemas superficiales.

Investigaciones contextuales: descripción eficaz de los problemas

Observar los usos efectivos de la descripción de temas puede iluminar la extraordinaria fuerza de un espacio temático distinto:

• Área de innovación: una importante empresa tecnológica utilizó esquemas de tendencia para combinar las críticas de los clientes sobre la conveniencia de su producto. La posterior proclamación del POV se centró en el requisito de un punto de conexión más natural, lo que provocó una actualización que fundamentalmente superó el compromiso y el cumplimiento del cliente.

• Avance Social: Una asociación sin fines de lucro que se ocupa de la escasez de agua en las naciones emergentes reevaluó su preocupación a través de preguntas de HMW. En lugar de centrarse en la falta de agua, preguntaron: "¿Cómo deberíamos permitir que las redes afronten económicamente sus recursos hídricos?" Esta redefinición impulsó el avance de programas de preservación del agua impulsados en el área local que eran a la vez convincentes y mantenibles.

• Artículos de comprador: una empresa de alimentos y bebidas utilizó la estrategia de los cinco porqués para comprender las ofertas en declive de un artículo famoso. Al principio se consideró que el problema era una cuestión de sabor, pero el factor subyacente se identificó como un problema de agrupación que hacía que el producto fuera difícil de utilizar. Una actualización del paquete cambió la caída de las ofertas.

Pensamientos de estudio para la definición del problema

Trabajar con estudios puede ser un método viable para reunir grupos en el proceso de definición del tema. Aquí hay algunas ideas para estudios que potencian el esfuerzo conjunto y la imaginación:

• Comprensión de las reuniones para compartir: comience con una reunión en la que cada colega comparta un conocimiento vital del Relacionado. Este intercambio agregado puede descubrir nuevos puntos de vista y ampliar la comprensión del grupo que podría interpretar el espacio temático.

• POV Frantic Libs: utilice un formato para ayudar a los grupos a dar explicaciones de POV. Por ejemplo, "[(Usuario)] necesita [(necesidad)] porque [(insight)]". Esta metodología divertida puede desmitificar la interacción y mostrar un razonamiento imaginativo.

• Conceptualización de HMW: Dividase en pequeñas reuniones y cree tantas preguntas de HMW como sea posible a partir de las explicaciones de POV caracterizadas. Este ejercicio estimula el razonamiento expansivo y garantiza que no se desestime ningún punto problemático potencial.

Superar las dificultades en la definición de un problema

Caracterizar el espacio problemático suele ser una prueba, pero ciertos sistemas pueden ayudar a superar las trampas normales:

• Evite la predisposición a los acuerdos: permanezca concentrado en el problema en lugar de precipitarse a los acuerdos. Entremezclarse inoportunamente en una respuesta puede desorientarlo hacia caminos electivos y posiblemente más creativos.

• Aceptar la vaguedad: la etapa de caracterizar frecuentemente incluye explorar la vulnerabilidad. Acepte esta ambigüedad como una fuente de inventiva y no como un límite para avanzar.

• Énfasis en las definiciones: las explicaciones de los problemas aún están por determinarse. Vuelva a retomar y perfeccionar su definición de preocupación a medida que surjan nuevos conocimientos.

Caracterizar el espacio temático en Plan Believing tiene que ver con la claridad, la concentración y la compasión. Convierte fragmentos de conocimiento crudo y comprensivo en un rumbo inequívoco hacia el desarrollo, dando paso a la investigación imaginativa en la etapa de Ideación. A medida que continuamos, recuerde que la fuerza de los arreglos que crea está directamente relacionada con la lucidez y profundidad del tema que ha caracterizado. Con una proclamación de problema muy expresada como nuestro asistente, actualmente estamos listos para investigar el tremendo escenario de posibles acuerdos en la etapa de Idear.

| 4 |

Ideación: el corazón de la innovación

Liberando la innovación

La ideación es la etapa donde la innovación se convierte en el foco abrumador. Es un estímulo para pensar detenidamente, desafiar las sospechas existentes e investigar nuevos dominios sin temor a cometer errores. El objetivo es producir un conjunto diferente de pensamientos, desde lo gradual hasta lo progresivo, que aborden el espacio temático caracterizado de manera original.

Métodos de ideación

Para aprovechar la capacidad innovadora de los grupos, se utiliza una variedad de procedimientos de ideación. Cada estrategia ofrece un camino notable hacia el desarrollo, potenciando varios métodos de razonamiento y esfuerzo coordinado:

• Conceptualización: el proceso de ideación más ampliamente percibido, la conceptualización es un movimiento de reunión dirigido a crear una gran cantidad de pensamientos en un breve período. Se hace hincapié en la cantidad sobre la calidad, y se suspenden todas las decisiones para apoyar la innovación del streaming gratuito.

• Prisa: Abreviatura de Sustituir, Unirse, Ajustar, Cambiar, Dar otro uso, Desechar y Cambiar. Rush es un procedimiento basado en agenda que insta a los miembros a considerar un problema o un elemento de varias maneras. Es especialmente poderoso para convertir arreglos existentes en algo nuevo e inventivo.

• Planificación mental: este método incluye hacer una representación visual de los pensamientos en torno a un tema focal. Potencia el pensamiento familiar, facilitando la visualización de las asociaciones entre diferentes consideraciones e ideas.

• Dibujo y Storyboarding: Estos procedimientos visuales consideran la investigación rápida de pensamientos y situaciones. Dan sustancia a las ideas conceptuales, trabajando con mejor comprensión y correspondencia dentro del grupo.

• Fingir: Realizar situaciones puede revelar fragmentos de conocimiento sobre la experiencia del cliente y los arreglos esperados. Es un método potente para sentir a los clientes e investigar el sentido común y el efecto de diversos pensamientos.

• Six Reasoning Caps: Creada por Edward de Bono, esta estrategia estimula la mirada a los problemas según seis puntos de vista particulares (cercano, instructivo, consistente, innovador, básico y esperanzador). Garantiza una investigación más ajustada de los pensamientos.

La fuerza del pensamiento dispar y unido

La ideación oscila entre razonamientos disímiles y concurrentes. El razonamiento diferente está relacionado con la producción de tantos pensamientos como sea posible, lo que potencia el razonamiento y la investigación no lineales. El razonamiento concurrente, por otro lado, limita estas ideas a acuerdos alcanzables. Ajustar estos dos métodos de razonamiento es vital para lograr una ideación poderosa.

Ejemplos reales de ideación convincente

• Laboratorio de desarrollo de Tech Goliath: en su misión de reclasificar el desvío del hogar, un grupo utilizó esquemas y guiones gráficos para idear en torno a la experiencia del cliente. Esto impulsó el avance de un marco de hogar inteligente que se incorpora consistentemente con existencia cotidiana , cambiando la idea de hogares inteligentes.

• Empresa de configuración de efectos sociales: al utilizar el método Hurry, una empresa dedicada a desarrollar aún más el acceso al agua potable en regiones remotas cambió su forma de lidiar con el refinamiento del agua, creando un dispositivo de filtración de agua conveniente y fácil de usar que supera radicalmente la comodidad. y recepción.

• Organización de juguetes instructivos: a través de la simulación, la organización se sumergió en las personalidades de los niños, lo que generó la idea de una progresión de juguetes instructivos que combinan el aprendizaje con el juego de manera creativa, cambiando su oferta de productos.

Trabajar con reuniones de ideación viables

Para mejorar el resultado de las reuniones de ideación, ciertas prácticas pueden mejorar la innovación y la cooperación:

• Establecer un clima abierto: Fomente un espacio donde todos los pensamientos estén invitados y los miembros tengan una sensación real de tranquilidad para compartir sin miedo a ser juzgados.

• Potenciar los pensamientos salvajes: algunas veces, los pensamientos más impactantes preparan los arreglos más creativos. Potenciar el pensamiento más allá de los límites típicos.

• Ampliar los pensamientos de los demás: la ideación es una interacción cooperativa. Ampliar los pensamientos de los demás puede generar arreglos creativos e imprevistos.

• Utilice guías visuales: las imágenes pueden animar la mente creativa y ayudar a explicar pensamientos complejos, lo que las convierte en un activo útil en las reuniones de ideación.

Dificultades y disposiciones en la ideación.

Si bien la ideación es una etapa innovadora y estimulante, acompaña su conjunto de dificultades:

• Sobrecarga de pensamientos: La riqueza de pensamientos puede dominar. El uso de modelos para centrarse en ideas para una investigación adicional puede ayudar a lidiar con esta sobrecarga.

• Tensión de congruencia: Los grupos podrían flotar hacia pensamientos más seguros y más naturales. Potenciar la asunción de riesgos y valorar todos los compromisos puede moderar esta tensión.

• Investigación Pérdida de movimiento: Mucho examen puede sofocar la innovación. Establecer límites de tiempo claros para las reuniones de ideación puede mantener la energía alta y los pensamientos fluyendo.

La ideación es el poderoso centro del proceso de Plan Thinking, una etapa que requiere receptividad, inventiva y esfuerzo conjunto. Es donde se plantan las semillas del avance, aptas para ser refinadas y reconocidas en la etapa de creación de prototipos. A medida que avanzamos, recuerde que cada arreglo notable comienza como un simple pensamiento, una oportunidad investigada en los ricos terrenos de la etapa Idear.

| **5** |

Creación de prototipos como herramienta de aprendizaje

La quintaesencia de la creación de prototipos

La creación de prototipos es el epítome del razonamiento de "bombear rápido, ponerse al día rápidamente". Está relacionado con pensamientos rejuvenecedores de la manera más rápida y generalmente efectiva disponible para probar suposiciones y acumular experiencias. Los modelos pueden ir desde retratos básicos o modelos en papel hasta maquetas físicas o computarizadas más modernas. La clave es que sean rápidos y modestos de realizar, teniendo en cuenta el ciclo rápido y el aprendizaje.

Tipos de modelos

Comprender los distintos niveles y razones de los modelos es importante para utilizarlos realmente como dispositivos de aprendizaje:

• Modelos de baja lealtad: se trata de adaptaciones sencillas de pensamientos, que a menudo se producen utilizando materiales sencillos como papel, cartón o maquetas computarizadas esenciales. Su motivación es probar y refinar las ideas centrales de un plan.

• Modelos de alta constancia: son más refinados y se parecen más al resultado final , incluida la utilidad y la apariencia. Se utilizan modelos de alta devoción para probar la conveniencia y reunir críticas punto por punto.

• Modelos computarizados: fabricados con dispositivos de programación, los modelos avanzados pueden recrear interfaces de usuario y conexiones. Son especialmente útiles para probar aplicaciones de programación y administraciones avanzadas .

• Modelos reales: son modelos inconfundibles de elementos con los que los clientes pueden interactuar. Los modelos reales son fundamentales para probar la ergonomía, los materiales y la facilidad de uso de artículos reales.

Estrategias y dispositivos de creación de prototipos

Se pueden utilizar varias estrategias y dispositivos para crear modelos, cada uno de los cuales se adapta a distintas fases del ciclo del plan y tipos de elementos:

• Delineado y Storyboarding: Rápidos y poderosos para la fase inicial de ideación, considerando la investigación rápida de ideas y situaciones de los clientes.

• Creación de prototipos en papel: ideal para probar interfaces de usuario y procesos de trabajo sin necesidad de acontecimientos avanzados.

• Impresión 3D: ofrece la capacidad de crear modelos reales definidos con los que los clientes pueden asociarse, lo que lo hace invaluable para probar la estructura y la capacidad en artículos reales.

• Herramientas de maqueta computarizadas: Programaciones como Sketch, Adobe XD y Figma permiten a los creadores crear modelos avanzados de alta dedicación que reproducen las colaboraciones de los clientes con programación y elementos avanzados.

• Prototipado de equipos: Aparatos como Arduino y Raspberry Pi permiten la realización de modelos para aparatos electrónicos y astutos, considerando la prueba de funcionalidades y comunicaciones con los clientes.

Utilizaciones genuinas de la creación de prototipos

• Organización del hardware del comprador: se utilizó la impresión 3D para crear modelos reales de otro dispositivo portátil. Esto permitió al equipo probar la comodidad, el ajuste y la comodidad, lo que provocó algunos énfasis que mejoran fundamentalmente el resultado final.

• Inicio de programación: utilicé dispositivos computarizados de creación de prototipos para repetir rápidamente el plan de una aplicación versátil, probando flujos de clientes y puntos de interacción para mejorar la conveniencia y el compromiso del cliente.

• Creador de juguetes educativos: hizo modelos en papel y reales de otro juguete educativo, lo que permitió realizar pruebas tempranas con los niños para notar ejemplos de conexión y resultados de aprendizaje, lo que instruyó el avance con respecto al resultado final.

Técnicas para la creación de prototipos viables

Para utilizar la creación de prototipos como un sólido instrumento de aprendizaje, piense en las técnicas que lo acompañan:

• Modele temprano y con frecuencia: cuanto antes comience a crear prototipos, antes podrá empezar a aprender y repetir. Trate de no quedarse esperando un "gran" pensamiento; modelo para probar y refinar sus ideas.

• Aceptar la decepción como un aprendizaje Una puerta abierta valiosa: cada modelo es una teoría que se está probando. Obtenga tanto de lo que no llena como de lo que sí lo hace, y utilice estas experiencias para iluminar su próximo énfasis.

• Centrarse en consultas clave: todo modelo debe tener como objetivo responder a consultas explícitas. Ten claro lo que estás intentando con todo énfasis para garantizar un aprendizaje centrado.

• Incluir Clientes Temprano: Ponga los modelos bajo el control de los clientes rápidamente. Sus críticas son impagables por aprobar presunciones y revelar nuevas experiencias.

• Repita a la luz de las críticas: utilice los aportes de cada ronda de creación de prototipos para perfeccionar y trabajar en su plan. Tenga en cuenta que la creación de prototipos es un ciclo iterativo en el que cada ciclo lo lleva más a una respuesta que aborda los problemas de los clientes.

La creación de prototipos no se trata sólo de fabricar artículos; está relacionado con el aprendizaje y el desarrollo de pensamientos en una configuración sustancial. Es un proceso iterativo de investigación, pruebas y refinamiento que aporta claridad al ciclo del plan y garantiza que los acuerdos finales se basen en las necesidades y conocimientos genuinos del cliente. A medida que avanzamos hacia la etapa de Prueba, estos modelos pasarán por una evaluación exhaustiva, refinando aún más las respuestas para satisfacer las necesidades reales de los clientes.

| 6 |

Implementación del Design Thinking en el desarrollo empresarial y de productos

En el mundo empresarial, Plan Believing está diseñado para mejorar elementos, administraciones y ciclos. Una metodología va más allá de los planes de acción convencionales y se centra más bien en las necesidades del cliente para realizar contribuciones realmente cautivadoras, exitosas y despiadadas.

• Actualización de la experiencia del cliente: las organizaciones utilizan el Recordatorio de configuración para delinear los viajes de los clientes y actualizar los puntos de contacto para lograr un mayor cumplimiento y firmeza.

• Avance de artículos: las organizaciones utilizan pruebas y prototipos iterativos para fomentar nuevos artículos que aborden mejor los problemas y suposiciones de los clientes.

• Revisión de Procesos: Las Asociaciones aplican Configuración Recordando para suavizar las tareas, haciéndolas más productivas y fáciles de usar tanto para los clientes como para los representantes.

Modelo: una importante organización de innovación podría utilizar el recuerdo de configuración para crear un nuevo teléfono móvil. Al identificarse con los clientes, estos encuentran interés en controles de protección más naturales. A través de planificación iterativa y pruebas, fomentan un punto de conexión excepcional que atiende esta necesidad, separando su producto en un mercado abarrotado.

Pensamiento de configuración en la formación y el aprendizaje

Los sistemas escolares están adoptando progresivamente el Plan Recordar para fomentar un clima de aprendizaje realmente cautivador, importante y creativo. Promueve el razonamiento decisivo, la innovación y el esfuerzo conjunto entre estudiantes e instructores.

• Configuración del programa educativo: Plan Believing se utiliza para fomentar programas educativos que estén más alineados con los verdaderos requisitos e intereses de los estudiantes, haciendo que el aprendizaje sea realmente cautivador y relevante.

• Aparatos educativos e innovaciones: los instructores y los diseñadores se unen para crear dispositivos y avances que mejoren las oportunidades de crecimiento, a la luz de una profunda comprensión de las dificultades y necesidades de los estudiantes.

• Espacios de aprendizaje: las escuelas y universidades están reconsiderando las condiciones de aprendizaje físicas y virtuales para cultivar la cooperación, la imaginación y la inclusión, utilizando conocimientos adquiridos a partir de la identidad.

Modelo: una base instructiva podría utilizar el recuerdo de configuración para actualizar su etapa de aprendizaje basada en la web . Al comprender en profundidad las dificultades y necesidades de los estudiantes y profesores, la fundación crea un entorno de aprendizaje en Internet más instintivo, abierto y cooperativo.

Pensamiento de Configuración para el Desarrollo Social y Tareas Locales

El pensamiento de configuración ofrece activos útiles para atender dificultades sociales complejas, promoviendo acuerdos razonables que estén bien establecidos en las redes a las que sirven.

• Compromiso del área local: Al relacionarse con individuos del área local, los creadores de tendencias sociales pueden distinguir las necesidades urgentes y los acuerdos de co-realización que tienen una aceptación y pertinencia certificables.

• Administraciones Públicas: Las legislaturas y las ONG utilizan Configuración Recordando para reformar las administraciones públicas, haciéndolas más abiertas, efectivas y fáciles de usar.

• Mantenibilidad Natural: Las asociaciones aplican la Configuración Recordando fomentar formas imaginativas de lidiar con la sustentabilidad, haciendo arreglos que compensen las necesidades humanas con la protección ecológica.

Modelo: Una asociación sin fines de lucro podría utilizar Configuration Remembering para manejar los desiertos alimentarios metropolitanos. Al comprender las necesidades del área local, la asociación co-planifica una organización de viveros metropolitanos y mercados portátiles de alimentos, ofreciendo nuevos productos y aprovechando localmente prácticas viables.

Superar las dificultades en la ejecución del pensamiento de configuración

Si bien el cálculo de configuración ofrece varias ventajas, su ejecución puede enfrentar dificultades:

• Oposición social: Asociaciones familiarizadas con diseños departamentales y de varios niveles habituales podrían oponerse a la naturaleza cooperativa e iterativa del Pensamiento de Configuración.

• Limitaciones de los activos: el tiempo y los activos esperados para un examen, creación de prototipos y pruebas cuidadosos pueden ser un límite, especialmente en condiciones de alta velocidad o de activos atados.

• Escalar acuerdos: Plan Thinking puede generar acuerdos inventivos en una escala limitada, pero escalar estas respuestas para un público o entorno más amplio puede ser un desafío.

Procedimientos para el Progreso:

• Cultivar una cultura de desarrollo: potenciar una cultura jerárquica que valore la inventiva, el ensayo y error y la centralidad en el cliente.

• Acentuar los éxitos rápidos: comenzar con actividades pequeñas y sensatas que muestren el valor del pensamiento de configuración, ganando velocidad y aceptación.

• Trabajar juntos a través de límites: separar almacenes dentro de las asociaciones e instar a los grupos interdisciplinarios a utilizar puntos de vista variados.

La materialidad del Pensamiento de Configuración en diferentes entornos resalta su amplitud y viabilidad como enfoque de pensamiento crítico. Desde mejorar la intensidad empresarial hasta cambiar los sistemas escolares y manejar las dificultades sociales, Plan Figuring permite a las asociaciones y redes fomentar acuerdos que sean creativos, centrados en las personas y significativos. A medida que esta filosofía sigue avanzando, su capacidad para impulsar cambios positivos en todas las áreas sigue siendo inmensa y, en gran medida, desconocida. Al adoptar la compasión, el esfuerzo coordinado y el aprendizaje iterativo, podemos utilizar el Recuerdo de Configuración para abordar probablemente las dificultades más apremiantes de la memoria reciente, creando un futuro más integral, sustentable e imaginativo.

| **7** |

Identificación de desafíos comunes en el pensamiento de diseño

Protección contra el cambio

Uno de los principales límites para llevar a cabo el Plan Creer es la protección contra el cambio. Las asociaciones familiarizadas con las formas habituales y directas de abordar el pensamiento crítico pueden encontrar el proceso iterativo e indirecto de las pruebas de pensamiento de configuración. Esta obstrucción puede provenir de una aprensión hacia lo oscuro, una falta de comprensión del proceso o la percepción de peligros para los diseños y trabajos energéticos establecidos.

Combinación en cultura corporativa

El pensamiento de configuración requiere una cultura de desarrollo, cooperación y un entusiasmo por aceptar la decepción como un aprendizaje, una puerta abierta valiosa. Desarrollar una cultura de este tipo en condiciones en las que la decepción se ve de manera adversa o en las que las divisiones funcionan en depósitos puede ser un desafío especial .

Limitaciones de activos

La idea iterativa del pensamiento de configuración, con su énfasis en la creación continua de prototipos y pruebas, puede concentrarse en activos. Las asociaciones pueden tener dificultades para asignar el

28

tiempo, la fuerza laboral y el plan financiero adecuados para mantener plenamente la interacción.

Versatilidad de arreglos

El pensamiento de configuración puede generar acuerdos imaginativos en una escala limitada o dentro de límites empresariales inequívocos. No obstante, ampliar estas respuestas a un entorno más amplio o coordinarlas en marcos y ciclos existentes puede presentar enormes dificultades.

Técnicas para vencer las dificultades

Fomentar la compra jerárquica en

• Enseñar y respaldar: comience instruyendo a los socios sobre el valor del pensamiento de configuración, utilizando análisis contextuales y pruebas de su progreso en diferentes negocios.

• Demostrar resultados rápidos: ejecutar la configuración Pensar en proyectos de alcance limitado que puedan mostrar resultados rápidamente, ganar velocidad y respaldo para una recepción más amplia.

Desarrollar una cultura de avance

• Mostrar a otros cómo se hace: la administración debe participar y apoyar eficazmente los proyectos de Pensamiento de Configuración, señalando su importancia para la asociación.

• Observar cómo sacar provecho de la decepción: crear un lugar de refugio para el ensayo y el error, donde la decepción se considere un paso esencial hacia el desarrollo. Presentar y beneficiarse de proyectos que no salieron según lo previsto puede contribuir a esto.

Supervisar los activos en realidad

• Enfoque por etapas: comience con modelos de baja dedicación y pruebas de alcance limitado para limitar la utilización de activos. Aumente lentamente el riesgo a medida que los acuerdos demuestren su valor.

• Influir en grupos interdisciplinarios: utilizar las diferentes habilidades y puntos de vista dentro de la asociación para mejorar el proceso de Plan Thinking, repartiendo la responsabilidad y cultivando un sentimiento de orgullo entre las divisiones.

Garantizando versatilidad

• Planifique la escala con antelación: considere la versatilidad desde el principio del proceso de planificación, previendo las dificultades de una ejecución más amplia.

• Enfatizar más allá del arreglo: utilizar los estándares de configuración y recordar abordar las dificultades de escalar los arreglos. Esto podría incluir repetir planes de acción, canales de circulación o marcos de asistencia al cliente para respaldar el nuevo acuerdo.

Modelos originales

• Una empresa global derrotó la protección del pensamiento de configuración al iniciar una serie de estudios donde los jefes participaban en prácticas de simpatía y reuniones de creación de prototipos. Ver el sistema en la vida real, junto con relatos de ejecuciones fructíferas, ayudó a cambiar los discernimientos y a fomentar la aceptación de los jefes.

• Una startup tecnológica que luchaba con requisitos de activos adoptó una forma por etapas de abordar el pensamiento de configuración. Al centrarse en la creación de prototipos rápidos y de baja lealtad y aprovechar las críticas de los clientes desde las fases iniciales , tuvieron la opción de repetir rápidamente sin grandes riesgos, ampliando lentamente su solución a medida que crecía la confianza en su viabilidad.

• Una Fundación Instructiva tendió a la versatilidad haciendo arreglos para ello todo el tiempo. Fomentaron un programa de ejecución experimental utilizando Configuration Remembering para revisar un curso. El éxito del piloto dio una idea para ampliar la metodología a lo largo del plan educativo, respaldada por incesantes críticas y énfasis.

Superar las dificultades relacionadas con el pensamiento de configuración requiere una metodología esencial centrada en la educación, el cambio social y la gestión de activos. Al fomentar la compra jerárquica, desarrollar una cultura que abrace el desarrollo y la decepción, supervisar los activos cuidadosamente y hacer arreglos para la versatilidad, las asociaciones pueden abrir la máxima capacidad del Pensamiento de Configuración. Estos procedimientos alivian los obstáculos y mejoran la adecuación general y el efecto de los proyectos de Pensamiento de

Configuración. En última instancia, la forma de explorar estas dificultades reside en adoptar los mismos estándares que constituyen el núcleo del pensamiento de configuración: simpatía, esfuerzo conjunto y aprendizaje iterativo.

| 8 |

Tendencias y tecnologías emergentes

Coordinación con innovaciones que marcan tendencias: la combinación del pensamiento de configuración con avances de última generación como la conciencia creada por el hombre (inteligencia simulada), la inteligencia artificial y la Web de las cosas (IoT) se extenderá. Esta mezcla potenciará una comprensión más compleja de las necesidades y formas de comportamiento de los clientes, impulsando desarrollos que son mecánicamente de vanguardia y profundamente centrados en lo humano.

Manejabilidad y avance social: a medida que aumentan las dificultades mundiales, por ejemplo, el cambio ambiental y el desequilibrio social, se aplicará progresivamente el pensamiento planificado para fomentar acuerdos sustentables y promover el desarrollo social. Su naturaleza compasiva e iterativa lo hace apropiado para manejar temas complejos que requieren una comprensión profunda de diferentes puntos de vista y necesidades.

Cooperación Virtual: El ascenso del trabajo remoto y los instrumentos virtuales de esfuerzo coordinado presentan las dos dificultades y puertas abiertas para el Pensamiento de Configuración. Los ciclos futuros del ciclo probablemente utilizarán realidad generada por computadora (VR), realidad expandida (AR) y otros dispositivos computarizados de esfuerzo coordinado para trabajar con ejercicios de simpatía, creación de prototipos y pruebas en un clima diseminado.

Grado y alcance crecientes

Recepción más amplia en todas las áreas: Plan Believing está preparado para crecer más allá de sus fortalezas convencionales en negocios y mejora de artículos hacia áreas como gobierno, capacitación y servicios médicos. Esta recepción más amplia será impulsada por un reconocimiento cada vez mayor del valor del plan centrado en el cliente. para atender dificultades complejas.

Escolarización y preparación: a medida que se desarrolla el interés por las habilidades de pensamiento de configuración, también lo hará el énfasis en la escolarización y la preparación por aquí. Podemos esperar ver los estándares del Pensamiento de Configuración coordinados en planes educativos en todos los niveles de educación, así como en eventos competentes y programas de preparación corporativa.

Transformación mundial y social: Plan Thinking seguirá adaptándose a diversos entornos sociales y dificultades mundiales, resultando ser más integral e inteligente en una variedad de puntos de vista. Este desarrollo hará avanzar el enfoque, haciéndolo mucho más flexible y exitoso.

El destino de Configuration Believing es enérgico y prometedor. Sus estándares de compasión, esfuerzo coordinado y aprendizaje iterativo son inmortales y generales, y ofrecen una estructura sólida para el desarrollo en un mundo innegablemente desconcertante. A medida que adoptamos nuevos avances y enfrentamos dificultades mundiales, Plan Thinking se desarrollará, impactará y será afectado por el mundo al que intenta llevar al siguiente nivel. Su futuro se describirá mediante aplicaciones ampliadas, reconciliaciones más profundas con la innovación y una atención especial a los acuerdos impulsados por el ser humano. Al mantenerse coherente con los estándares de su centro y al mismo tiempo adaptarse a un escenario en evolución, Plan Believing seguirá siendo un instrumento crucial para el desarrollo, equipado para atender probablemente las dificultades más apremiantes de los últimos tiempos.

| 9 |

El futuro del pensamiento de diseño

Mientras miramos hacia el futuro, Plan Thinking sigue al borde de un enorme desarrollo. Este desarrollo está impulsado por los rápidos avances en la innovación, los elementos móviles de las economías mundiales y el escenario en constante cambio de las necesidades culturales. La versatilidad de Configuration Figuring lo convierte en una verificación intrínsecamente futura , preparada para coordinar nuevos aparatos y responder a las dificultades que surjan.

Los avances emergentes como el razonamiento computarizado (inteligencia simulada), la realidad aumentada (VR) y la Web de las cosas (IoT) están aumentando el alijo de herramientas accesible para los diseñadores, ofreciendo mejores enfoques para identificar y probar. Estas innovaciones prometen ampliar la forma en que podemos interpretar los encuentros con los clientes, permitiendo la realización de acuerdos más personalizados y abiertos. Además, la creciente acentuación en la mantenibilidad y el plan moral empuja a Configuration Remembering a integrar contemplaciones naturales y sociales en cada fase del proceso de pensamiento crítico.

La democratización de las creencias configuracionales es otro patrón clave. A medida que la técnica resulta tener un mayor alcance, está siendo adoptada por una gama más amplia de disciplinas más allá de los campos de planificación habituales, desde los servicios médicos y la educación hasta la estrategia pública y más. Esta fertilización cruzada de pensamientos y enfoques mejora el proceso de Plan Thinking, lo que genera acuerdos más inventivos y significativos.

Además, los estándares de Configuración Creyendo se están aplicando para abordar desafíos fundamentales, por ejemplo, el cambio ambiental, el desequilibrio social y el destino del trabajo. Esta aplicación expansiva resalta la flexibilidad de la filosofía y su capacidad para contribuir a cambios fundamentales y significativos.

A medida que avancemos, la combinación del Pensamiento de Configuración con diferentes técnicas y la transformación constante hacia nuevas dificultades mejorará su importancia y adecuación. El destino final de Configuration Believing es uno de límites extendidos, efectos adicionales y desarrollo continuo.

Fin: su proceso hacia adelante con el pensamiento de configuración

Emprender una excursión con Configuration Believing es una promesa de aprendizaje, simpatía y desarrollo incesantes. Es tanto una mentalidad como un procedimiento, una que te mueve a ver más allá de lo evidente, a captar necesidades adicionales y a tomar medidas que realmente tengan un efecto.

A medida que avanza, recuerde que Plan Believing es iterativo. Cada paso, desde la relación con los clientes hasta las pruebas y el perfeccionamiento de los acuerdos, es una oportunidad para el desarrollo y la revelación. Acepta la naturaleza no directa de esta interacción y prepárate para regresar , repensar y girar a la luz de lo que te das cuenta.

La fuerza genuina del Pensamiento de Configuración reside en su enfoque centrado en el ser humano. Al mantener las necesidades, deseos y encuentros de las personas en el centro de su trabajo, logra acuerdos más poderosos y fomenta un mundo más integral, factible y comprensivo.

Ya sea usted un diseñador de moda, un instructor, un pionero en los negocios o un creador de tendencias, Plan Thinking ofrece una manera de lograr una comprensión más profunda y un pensamiento crítico innovador. El viaje hacia adelante no está exento de dificultades, pero los premios (sistemas innovadores, inventiva mejorada y la satisfacción de tener un efecto genuino) son infinitos.

A medida que proceda a investigar y aplicar el Pensamiento de Configuración, mantenga una perspectiva receptiva, abrace la simpatía y obtenga siempre beneficios de las personas y de su entorno en general. Su viaje con Configuración Creyendo no se trata sólo de los arreglos que haga, sino también de las experiencias que obtenga y la diferencia que haga. Brindemos por que su proceso avance, repleto de divulgación, avances y efectos significativos.

Apéndice A: Recursos para mayor aprendizaje

1. Libros:
   - "El diseño de las cosas cotidianas" de Don Norman
   - "Cambio por diseño" de Tim Brown
   - "Design Thinking: integración de la innovación, la experiencia del cliente y el valor de la marca" por Thomas Lockwood
2. Sitios web y plataformas en línea:
   - IDEO.org (Una consultoría de diseño global que creó una guía para Design Thinking)
   - Stanford d.school (Ofrece recursos y guías sobre cómo aplicar Design Thinking)
3. Cursos y Talleres:
   - Introducción al Design Thinking (ofrecido por Stanford d.school)
   - Cursos en línea de Design Thinking de IDEO U

Apéndice B: Plantillas y herramientas

1. Plantilla de mapa de empatía: una herramienta para sintetizar observaciones sobre la experiencia de un usuario en información procesable.
2. Plantilla de persona: ayuda a crear perfiles detallados de usuarios típicos para guiar el proceso de diseño.
3. Plantilla de mapa de viaje del cliente: para mapear los pasos que sigue un cliente al interactuar con un producto o servicio, identificando interacciones y emociones clave.

4. Plantilla de preguntas How Might We (HMW): un marco para transformar conocimientos en preguntas abiertas que estimulan la ideación.

Apéndice C: Glosario de términos

- Design Thinking: un enfoque centrado en el usuario para la resolución de problemas que implica comprender las necesidades del usuario, idear soluciones, crear prototipos y realizar pruebas.
- Empatizar: La primera fase del Design Thinking, centrada en comprender las necesidades, comportamientos y experiencias de los usuarios.
- Prototipo: un modelo simple o una versión preliminar de un producto o servicio que se utiliza para explorar o probar ideas antes de la producción final.
- Iterativo: proceso caracterizado por ciclos repetidos de prueba, aprendizaje, análisis y refinamiento de un producto o servicio.
- Persona de usuario: un personaje semificticio creado para representar un tipo de usuario que podría utilizar un servicio, producto, sitio o marca de manera similar.

Apéndice D: Lectura recomendada

1. Artículos sobre el futuro del Design Thinking:
   - Explorar cómo las tecnologías emergentes como la IA y la realidad virtual se están integrando con el Design Thinking para mejorar la experiencia del usuario y la innovación.
   - Debates sobre el papel del Design Thinking para abordar desafíos globales como la sostenibilidad y la equidad social.
2. Estudios de caso:
   - Relatos detallados de proyectos exitosos de Design Thinking en todas las industrias, destacando el proceso, los desafíos y los resultados.

Al proporcionar estos apéndices, el libro pretende dotar a los lectores de un completo conjunto de herramientas para navegar por las complejidades del Design Thinking, desde conceptos fundamentales hasta aplicaciones avanzadas. Si es un principiante ansioso por explorar el potencial del Design Thinking o un profesional experimentado que busca profundizar su experiencia, estos recursos ofrecen información valiosa y herramientas prácticas para respaldar su viaje.